Das Hirtenbüblein

Erzählt und gemalt von
Ruth Elsässer

J. Ch. Mellinger Verlag · Stuttgart

Es war einmal ein Hirtenbüblein, das hatte nur ein einziges Schaf. Und weil es weiß wie der Schnee war, nannte er es „Schneeweiß". Jeden Tag ging das Büblein mit Schneeweiß hinaus auf die Weide, wo es saftige Gräser und Kräuter fand. Damit er es aber von weitem schon hören konnte, hing er ihm ein goldenes Glöckchen um den Hals.

Eines Tages gingen sie in aller Frühe schon auf die Weide, und weil es warm geworden war, hatten beide Durst bekommen. Da hörten sie im nahen Wald ein leises Rauschen. War das wohl Wasser? Als sie näher kamen, sahen sie eine Quelle aus dem Felsen sprudeln. Das Büblein neigte sich hinab und schöpfte mit seinen beiden Händen das klare Wasser und trank, bis sein Durst gestillt war. Dann trank das Schäflein von dem Wasser, das als Bächlein über die Steine und das Moos lief.

Das Büblein aber war auf einmal so müde geworden, daß es nicht mehr lange weitergehen wollte. Es legte sich unter einen großen Baum und schlief ein. Das Schäflein aber lief am Bach entlang, immer weiter und weiter. Als das Büblein erwachte, schaute es um sich und rief nach seinem Schaf „Schneeweiß, Schneeweiß"! Da setzte er schnell sein Hütlein wieder auf, hing seine Tasche um und machte sich auf den Weg, Schneeweiß zu suchen.

Er suchte den ganzen Tag bis zum Abend. Die Sonne war eben untergegangen, da setzte er sich traurig auf einen Stein und fing an zu weinen. Wie er so weinte, hörte er auf einmal ein wunderbares Singen. Es war ein Vogel hoch oben auf einem Baum, der sein Abendlied sang. Als das Vöglein aufgehört hatte, rief das Büblein hinauf:

  „Ach, Vöglein, liebes Vöglein mein,
  Ich suche Schneeweiß, mein Schäflein klein."

Das Vöglein nickte mit seinem Köpfchen und zeigte mit seinem Schnabel nach dem Wald. Das sollte wohl heißen: „Da hinein ist es gegangen."

Das Büblein stapfte nun durch den Wald über weiches Moos und harte Steine. Da! Auf einmal knackte es im Gebüsch. War das der Fuchs? Oder gar der Wolf? Ach nein, es war ein Eichhörnchen, das sich noch eine Nuß suchte zum Abendessen. „Guten Abend, liebes Eichhörnchen", sagte das Büblein. „Hast du nicht Schneeweiß gesehen, mein kleines Schaf?"
Das Eichhörnchen schüttelte sein Köpfchen und sagte: „Nein, wo dein Schaf ist, weiß ich nicht, aber ich will dich begleiten zum Hasen. Er hat lange Beine und kommt weit herum."

Sie kamen zum Hasen, der sich unter den Zweigen im Gebüsch ein gutes Nest zum Schlafen gesucht hatte. „Guten Abend, liebes Häschen. Weißt du nicht, wo mein liebes Schaf Schneeweiß hingelaufen ist?"
Das Häschen wußte es auch nicht. „Ich will dich begleiten zur Eule, sie hat große Augen und sieht auch bei Nacht. Vielleicht weiß sie Rat."

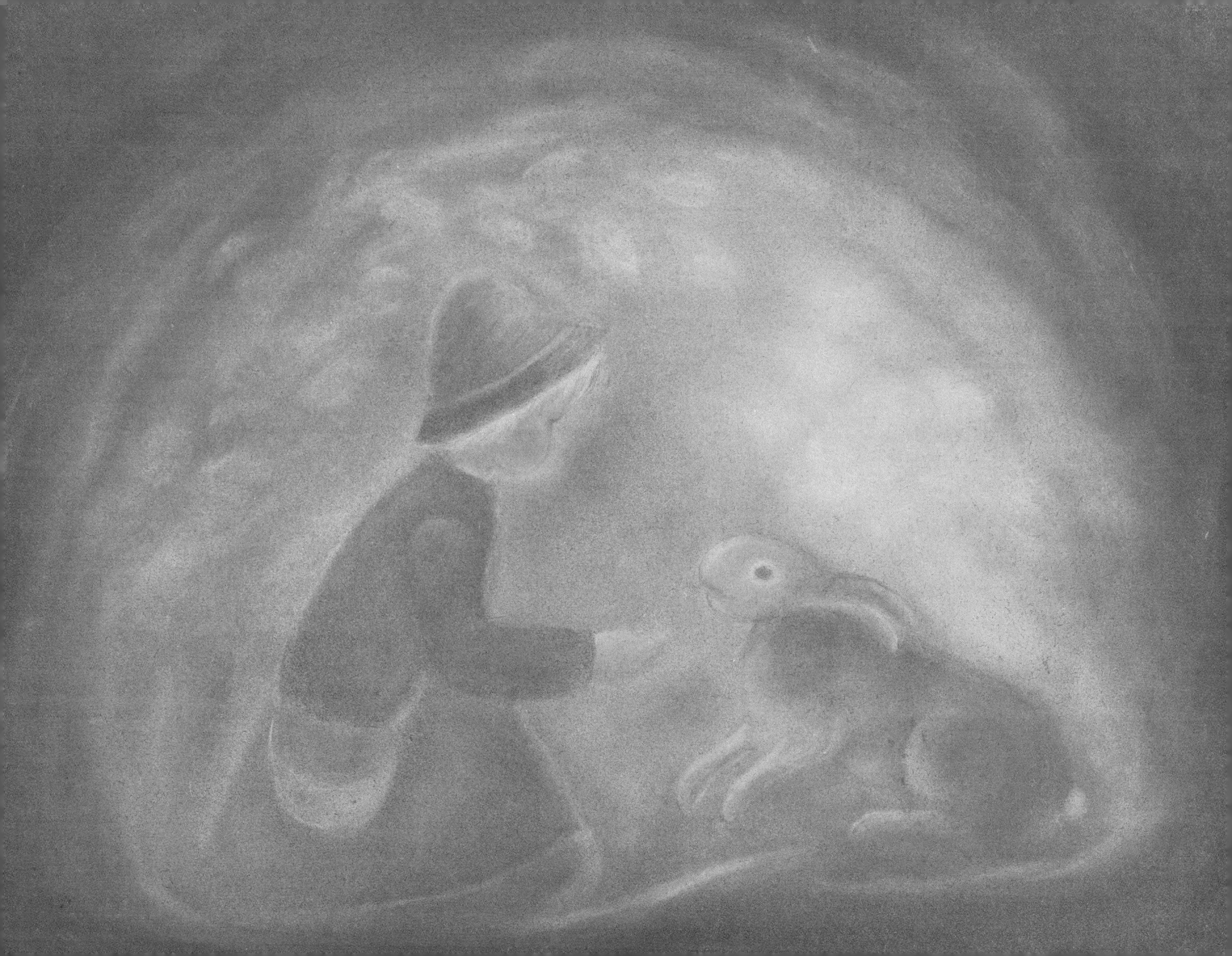

„Hu, Hu", rief es durch den Wald. „Das ist die Eule", sagte der Hase. Es war nun fast dunkel geworden. Die Eule saß auf einem alten Baum und schaute mit großen Augen auf das Büblein hinunter. Das Büblein faßte sich ein Herz und rief hinauf:
„Guten Abend, Eule, hast du nicht Schneeweiß, mein Schaf, gesehen?"
„Nein", sagte die Eule. „Wo dein Schaf ist, weiß ich nicht, aber da drüben bei den Wurzeln wohnt ein Waldzwerg, vielleicht kann er dir helfen."
Das Büblein ging nun und suchte die kleine Wurzeltüre, klopfte an und rief:
    „Männlein, Männlein, komm herfür,
    Mach mir auf die kleine Tür."
Da ging die Wurzeltüre auf, und heraus trat ein Männlein mit einem langen Bart. Es hielt ein Laternchen in der Hand.

„Wo dein Schaf ist, weiß ich nicht. Aber ich will dich begleiten", sagte es, „und dir leuchten."
Es dauerte nicht lange, da kamen sie zu einem tiefen Graben. Und als sie stehen blieben, hörten sie ein feines Läuten. War das nicht das goldene Glöcklein von Schneeweiß?
„Mäh, Mäh", klang es aus dem Graben herauf.
Das Männlein leuchtete mit seiner Laterne: Sie sahen Schneeweiß tief unten im Graben liegen. Es war hinuntergefallen und konnte nicht mehr herauf.
„Warte", rief das Büblein, „ich hole dich."

„Mäh, Mäh", war das eine Freude, als das Büblein mit Schneeweiß wieder heraufgeklettert kam. Er hielt es ganz fest in seinen Armen, denn es zitterte noch vor Angst und Kälte.

Das Männlein aber ging mit seiner Laterne voraus und
begleitete die beiden, bis sie zu Hause waren.
>   Leuchte, Lichtlein, leuchte,
>   Leuchte uns voraus.
>   Leuchte, liebes Lichtlein,
>   Leuchte uns nach Haus.

2. Auflage, 1985
© 1983 J. Ch. Mellinger Verlag, Wolfgang Militz Co KG,
Stuttgart
Gesamtherstellung: Wiener Verlag, Himberg bei Wien

ISBN 3-88069-050-2